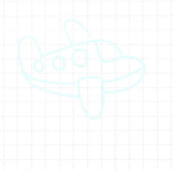

得劲儿！-----

打出溜滑　　老带劲了！

唠嗑　　老铁！　　老鼻子

破马张飞　　冷不丁！

----- 闹挺！　　稀罕！

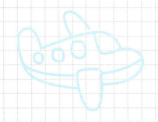

龙龙游沈阳

童话山 大翼翼／著

北方联合出版传媒（集团）股份有限公司
辽宁少年儿童出版社
沈 阳

图书在版编目（CIP）数据

龙龙游沈阳 / 童话山，大翼翼著．-- 沈阳：辽宁
少年儿童出版社，2025. 3．-- ISBN 978-7-5759-0048-5

Ⅰ．K928.703.11-49

中国国家版本馆 CIP 数据核字第 2024XY0511 号

出版发行：北方联合出版传媒（集团）股份有限公司
　　　　　辽宁少年儿童出版社
出 版 人：胡运江
地　　址：沈阳市和平区十一纬路 25 号
邮　　编：110003
发行部电话：024-23284265　23284261
总编室电话：024-23284269
E-mail：lnsecbs@163.com
http://www.lnse.com
承 印 厂：辽宁一诺广告印务有限公司

责任编辑：梁　严　张海宁
责任校对：贺婷莉
封面设计：刘立婷
插　　画：李欣怡　赵瑜茜　徐洪慧
版式设计：王　欣
责任印制：孙大鹏

幅面尺寸：168mm×240mm
印　　张：7　　　　字数：93 千字
出版时间：2025 年 3 月第 1 版
印刷时间：2025 年 3 月第 1 次印刷
标准书号：ISBN 978-7-5759-0048-5
定　　价：39.80 元

序 言

沈阳，这座拥有悠久历史的城市，不仅是东北地区的政治、经济和文化中心，更是中国文化版图上一颗耀眼的明珠。作为"一朝发祥地，两代帝王都"，沈阳拥有丰富多元的文化内涵，孕育了许多动人的故事。沈阳就像一本有趣的书，每一页都蕴藏着惊喜和宝藏。那么，怎样才能让小读者更好地了解这座城市呢？《龙龙游沈阳》便应运而生。

这是一本趣味性与知识性相结合的书，带领小读者全方位感受沈阳的文化脉搏和独特魅力。书中的主人公是两位特别的朋友——小神龙"龙龙"和它的小伙伴"小黄龙"。它们将带领小读者开启一场奇妙的旅程，走遍沈阳九大区，一起体验沈阳丰富的历史文化、红色文化、工业文化和民族文化，欣赏迷人的自然风光。

早在新石器时代，沈阳就已经有人类活动的痕迹。在新乐遗址博物馆，小读者可以一探沈阳的文化源头。作为清王朝的开国之都，这里有世界文化遗产"一宫两陵"——沈阳故宫、福陵和昭陵，这些珍贵的历史遗迹具有极高的历史价值和艺术价值。

沈阳也是一座铭刻着英雄印记的城市。在这片土地上，曾涌现出无数英雄人物。游览沈阳"九·一八"历史博物馆等地，小读者可以了解英雄故事，汲取奋勇向前的宝贵精神。

沈阳是"共和国长子"，是中华人民共和国工业的摇篮。在中国工业博物馆可以参观多项"工业第一"和工业遗址，在沈飞航空博览园可以近距离观察威风凛凛的战斗机。在这里，小读者可以看到沈阳工业辉煌的过去和充满希望的未来。

　　沈阳地处多民族聚居区，各民族文化在这里交汇融合。满族、蒙古族、朝鲜族、锡伯族……这些民族的文化各具特色。跟随"龙龙"和"小黄龙"的脚步，小读者可以去体验多彩的民族文化，感受沈阳这座城市的多元化与包容性。

　　翻开本书，跟随"龙龙"和"小黄龙"的脚步，一起游览沈阳，学习新知识，探索新世界吧！穿越历史，铭记英雄故事，见证工业辉煌，体验民族风情——发现沈阳这座城市生生不息的魅力！

目 录

1

跟我一起开启神奇的沈阳之旅吧！

大家好，我是龙龙，我今年已经 523 岁啦！我最喜欢品尝美食和旅行啦！

大家好，我是小黄龙，我今年已经 560 岁啦！我要带着我的好朋友龙龙，一起来游览我的家乡——沈阳。

变变变！
神龙变身！

　　沈阳，辽宁省的省会，中国历史文化名城。作为清王朝的发祥地，沈阳素有"一朝发祥地，两代帝王都"的美誉。沈阳作为全国知名的重工业基地，被称为"共和国的长子""共和国装备部"。

　　沈阳有众多保存完好的古建筑，漫步在沈阳街头，仿佛穿越了时光隧道，现代与传统的交融，使其呈现出独特的城市景观。

3

历史底蕴 沈阳故宫

我的声音最洪亮！咚——

盛京定更钟

据说定更钟的声音能为整个沈阳带来好运气哟！

传说这口钟是金代时铸造的，已经有近千年的历史了！

　　沈阳故宫坐落于沈阳市古城的中心，始建于 1625 年，历经百年才成就如今的规模。沈阳故宫占地 6 万多平方米，包括古建筑 114 座和 500 多间房屋，是我国现存仅次于北京故宫的、最完整的古代帝王宫殿建筑。在这里你可以感受到沈阳厚重的历史文化底蕴。

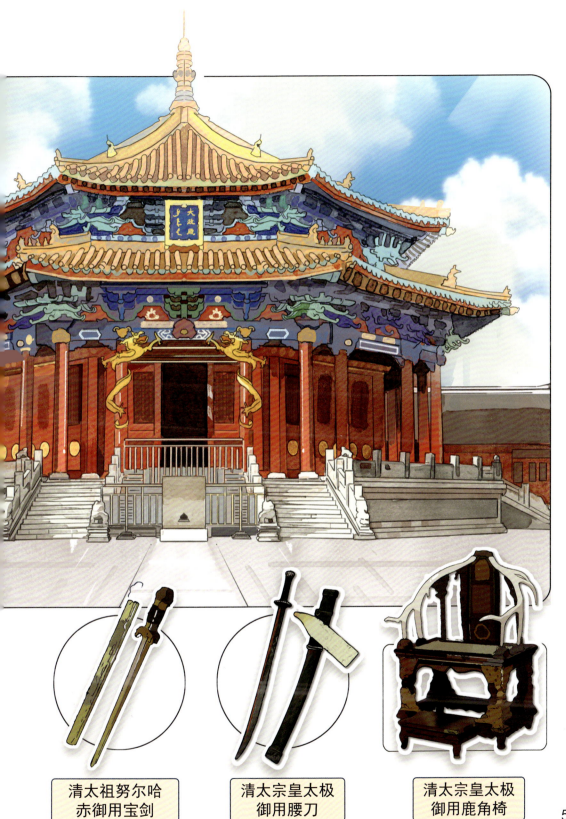

清太祖努尔哈
赤御用宝剑

清太宗皇太极
御用腰刀

清太宗皇太极
御用鹿角椅

沈阳故宫 VS 北京故宫

这不是跟北京故宫差不多嘛！

这区别可不小！听我给你唠一唠。

沈阳故宫全景

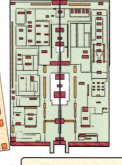

北京故宫全景

建筑布局不同

沈阳故宫宫高殿低，北京故宫则是殿高宫低。

建造时间和建造主体不同

沈阳故宫始建于 1625 年，北京故宫始建于 1406 年，它们相差了 219 岁呢。

沈阳故宫建造者之一努尔哈赤

北京故宫建造者朱棣

沈阳故宫匾额

北京故宫匾额

沈阳故宫的匾额上，满文在左，汉字在右；而北京故宫的匾额恰恰相反。

建筑的形式不同

北京故宫多为庑殿式及歇山式的建筑风格；沈阳故宫大多采用的是硬山式，大政殿还采用了独特的攒尖式。

庑殿式建筑

硬山式建筑

琉璃瓦的等级不同

沈阳故宫殿顶除文溯阁、太庙外均铺黄琉璃瓦镶绿色剪边，北京故宫殿顶琉璃瓦则是通体黄色。

沈阳博物馆

沈阳博物馆的辽代金面具，可是拥有着神秘的故事！

哇！它的主人一定是位神秘的人物！

辽代黄金面具

明代铜鎏金大日
如来佛

镇馆之宝

快来看看吧！

辽代白釉黑
彩梅瓶

辽代白釉褐
彩梅瓶

　　欢迎来到沈阳博物馆！它是东北地区的大型博物馆之一，
是一座集文物收藏、展览、研究和教育于一体的综合性博物馆。
沈阳博物馆拥有古代文物、艺术品、科技文物等多个领域的藏品，
在这里你能感受到沈阳厚重的历史和独特的文化。

沈阳科学宫

这里 95% 以上的展品都能互动呢!

科技强国,从我做起!

　　沈阳科学宫(沈阳市科普宣传中心)于 2000 年 6 月建成开放,是我国最早的综合性科技场馆之一。设有科普展示馆、科普特效影院等场所。科普展示馆内部主要设置四大主题展厅,强调具有沉浸式和互动性的展览教育形式,不仅鼓励参观者动手探索,而且注重科学精神的培养。在这里,你可以体验宇航员的工作和生活,可以和机器人切磋下棋,可以穿梭于镜子迷宫,还可以观看穹幕电影……快来体验一下吧!

"科学探索"主题展厅

"宇宙探秘"主题展厅

沈阳的新地标建筑之一!

"信息技术"主题展厅

"人体奥秘"主题展厅

张学良旧居

在这里你能了解到更多关于张学良和他家族的故事。

这座府邸好气派呀！

中西合璧，园中花厅。

小青楼

红楼群

赵一荻旧居

大青楼

张学良旧居是爱国将领张学良将军在东北的官邸和私宅，包括中院三进四合院，东院大青楼、小青楼、花园、关帝庙，西院红楼群以及院外建筑赵一荻旧居、办事处旧址、边业银行旧址等多组风格各异的建筑。

小南天主教堂

这是法国传教士方若望所建的小南天主教堂！

哇，我好像来到了哈利·波特的霍格沃茨魔法学校！

　　小南天主教堂是一座典型的哥特式建筑。哥特式建筑的特点是高耸、尖峭、细长，给人一种向上的感觉。教堂正面的顶部有两个突出的方锥形尖顶。走进教堂内部，你会被宏伟的空间所震撼。高耸的拱顶、细长的柱子、色彩斑斓的玻璃窗，传递出哥特式建筑的独特魅力，人们仿佛进入了童话般的世界。

东北第一街 沈阳中街

沈阳中街已经有400多年的历史了，不仅是中国最早的商业街，还是中国内地最长的步行街。这里孕育了超多的老字号，有光陆电影院、中街冰点、马家烧卖、老边饺子……当时皇太极在设计沈阳方城时，提出了"前殿后市"的理念，意寓江山稳固、吉祥如意。沈阳方城是沈阳的旧城区，因方形城池、井字格局而独具特色。它是沈阳历史文化的重要承载地，有众多古迹和景点，如沈阳故宫、张学良旧居、中街……它的历史可以追溯到燕国重镇侯城，后来经历多个朝代的变迁。清朝时期成为重要的政治文化中心，见证了沈阳这座魅力之城的发展历程。

特色早市 小河沿早市

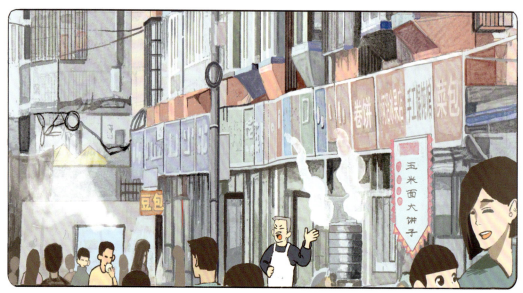

哇！我闻到了好多香味……

龙龙，别着急，我带你去大饱口福。

　　大家都说没去过早市就相当于没来过东北！这不，今天我们就带大家来到了沈阳小河沿早市啦！这个早市东起万泉街，西至东滨河路，全长约390米。摊位一个接一个，商品琳琅满目，应有尽有。不论是大人还是小孩儿，都能在这里找到自己喜欢的东西。此外，小河沿还开办了特色中医早市，不仅可以现场问诊，还可以品尝中药美食，了解中药知识，更有精美的中药香囊和别致的中药饰品可以带回家。快来这里感受人间烟火气吧！

彩电塔夜市

彩电塔夜市，是位于沈阳地标建筑彩电塔下面的一个夜间热闹集市。丰富多彩的小吃摊，让人眼花缭乱，心情愉悦！从东北传统小吃到天南海北的美食，绝对能满足你的味蕾。

来了彩电塔，都是吃货王！

太香啦！你肚子还装得下吗？

必须装得下！我还要吃鸡架！嗝——

彩电塔炒焖子

八王寺汽水

烧烤

炸鸡排

东北大饭包

马背上的药箱　沈阳药科大学

沈阳药科大学的历史与中国革命史紧密相连，她曾跟着红军走过两万五千里长征。当时，条件极其艰苦，教学设备很少，学校的全部设备用一匹马就能驮走。但学生们还是边走边学，边学边实践。这种不畏艰险的"马背上的药箱"精神，至今仍激励着一代又一代的"沈药人"。

"马背上的药箱"精神太值得敬佩了！

是啊，这是一所在战火中诞生的学校，祖国的大好河山处处都有沈阳药科大学的光辉足迹。

龙龙日记（沈河区）6月3日 晴

- ✓ 沈阳故宫
- ✓ 张学良旧居
- ✓ 沈阳科学宫
- ✓ 彩电塔夜市

沈阳故宫

东北大饭包

东北大拉皮

历史与现代的交融，古老都市呈现崭新风貌！

张学良旧居

沈阳科学宫

彩电塔夜市

鸡架

下一站，和平区！

玖伍文化城

是呀，所谓"读万卷书，行万里路"嘛！

时代文仓城市书房

歌德书店坐落于百年老街——沈阳市和平区中山路，由一座1923年的老建筑修复改建而成。书店分成上下两层，风格古典雅致，建筑外立面的书轴上是用德文书写的歌德诗歌《爱在身边》。除了图书外，这里还有唱片、咖啡、文创。来这座百年建筑里坐一坐，享受惬意的阅读时光吧。

歌德书店

沈阳真是一座书香之城呢。

新华书店马路湾店

一流学府 东北大学

东北大学始建于1923年，经过百余年沉淀，现已经成为一所拥有深厚文化底蕴和爱国主义光荣传统的高等院校。在"一二·九"运动中，东大师生发挥了重要作用。东北大学在冶金工程、控制科学与工程、材料科学与工程等领域占有重要地位。

在这里，学生们不仅能学到很多知识，还有机会参与各种有趣的科研项目。

朝鲜民族风情 西塔民族文化街

听说这里的朝鲜族美食特别地道嘞!

你的肚子也快成了"国际美食肚"啦!哈哈哈!

　　在西塔民族文化街上,有一座气势恢宏的"白色宝塔",它是清太宗皇太极于1643年(崇德八年)下令在沈阳城外建立的四方宝塔之一,寓意"虔祝圣寿"。这条文化街不仅是一条朝鲜民族风情街,更是东北地区知名的"国际美食街"。在这里,你可以品尝到正宗的朝鲜族美食,如冷面、烤肉、烤鳗鱼等。白天,这里人流络绎不绝;夜里,这里灯火辉煌,道路两旁矗立的朝鲜族风情建筑和各色朝鲜族美食餐馆,让人流连忘返。

人间烟火气 沈阳老北市

这里闻起来也好香啊!

龙龙,今天我带你来"最沈阳"的沈阳地标——老北市看一看。

沈阳老北市,是沈阳古老的商业街区之一,这里到处都是古色古香的砖木结构建筑,雕梁画栋,具有丰富的历史文化底蕴和独特的魅力。漫步在街巷中,仿佛回到了过去。这里的美食也是数不胜数,有美味的烧卖、香脆的煎饼、精美的糖画,还有软软甜甜的雪绵豆沙,每一种美食都让人垂涎欲滴。

烧卖

东北煎饼

糖画

雪绵豆沙

你知道皇寺吗？它就是大名鼎鼎的实胜寺，始建于1636年，是一座历史悠久的喇嘛寺庙。在皇寺附近举行的皇寺庙会已经有300多年的历史啦。庙会上每年都会举办丰富多彩的新春祈福活动：逛庙会、欣赏戏剧、品尝糖画、祈福平安！

新春庙会图 皇寺庙会

好哇，我去年来的时候，这里锣鼓喧天、人声鼎沸，好不热闹！

我下次一定要在过年的时候来参加庙会。

国家地理探险家中心

这里是《国家地理》打造的全球第一个探险家中心，是融合了家庭娱乐、自然探索和科学知识于一体的室内亲子主题乐园。在"自然之力"，孩子们可以在老师的指导下移山造河，深入体验大自然的力量；在"深海探秘"，孩子们可以乘坐模拟潜水艇前往南极海底世界；在"丛林攀岩"，孩子们可以在丛林树屋里穿梭攀爬，培养探索能力和应变能力。此外，还有"想象再造""考古挖掘""野外竞速"等好玩的项目。

野外竞速

你知道自己和小动物谁跑得快吗？来吧，站在竞技赛道上，跟小动物一决胜负，看看勇敢的你会不会获胜。

边玩边学，勇敢探索！

自然之力

在这里，孩子们可以自己动手堆积山脉、创造河流，用神奇的双手控制无可阻挡的自然力量，同时可以了解天气、地形等自然现象。

对话百兽

你可以和动物实时对讲。在这里，孩子们可以了解国宝大熊猫的生活习性，通过互动问答的环节，了解动物的相关知识。

艺术殿堂 辽宁美术馆

辽宁美术馆展示了许多精美的画作和艺术品。它的建筑风格好像是古代的宫殿，黄色琉璃瓦大屋顶，四周还有长廊环绕，非常漂亮。这里经常举办各种精彩的艺术展览交流活动。馆内收藏了很多书法、油画、水彩画、版画及雕塑作品，我们来到这里，就仿佛沉浸在艺术的海洋里，能感受到艺术的无穷魅力。

我喜欢画画，进去欣赏一番吧！

来沈阳一定要接受艺术的熏陶哟！

艺术摇篮 鲁迅美术学院

小黄龙，你说我们的作品能在辽宁美术馆展览吗？

嘿嘿，画得开心，就是我们最好的"展览"啦！

鲁迅美术学院是一个充满魔力的艺术王国，这里有很多有艺术才华的年轻人，他们在这里学习，在这里创作出了多姿多彩的艺术作品。这里培养出很多艺术家，连我和龙龙来到这里，都变成了厉害的小画家呢！

医科学府 中国医科大学

中国医科大学的历史可以追溯到1931年，在红军二万五千里长征中，中国医科大学是唯一以学校名义走完长征全程，并在长征中继续办学的院校。长征路上困难重重，充满艰难险阻，它却能够坚持办学，真是让人心生敬佩。

历经多年的变迁，中国医科大学始终秉承着"医学救国"的理念，努力培养高层次的医学人才，被誉为"红色医生的摇篮"。

常常在帮助！

总是在安慰！

龙龙，我好佩服医生哟！

我更佩服这个培养医生的摇篮！

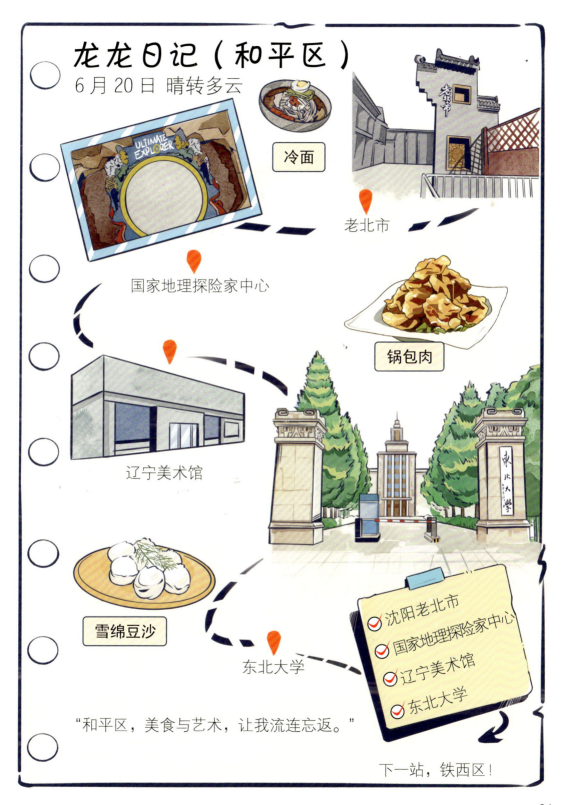

龙龙日记（和平区）

6月20日 晴转多云

冷面

老北市

国家地理探险家中心

锅包肉

辽宁美术馆

雪绵豆沙

东北大学

- ✓ 沈阳老北市
- ✓ 国家地理探险家中心
- ✓ 辽宁美术馆
- ✓ 东北大学

"和平区，美食与艺术，让我流连忘返。"

下一站，铁西区！

运动乐园 沈阳国际泵道公园

泵道，也被称作"压抬场"，是一种设计独特的场地。路面起伏不平，还有很多弯墙，适用于小轮车、轮滑、滑板等运动。

骑手在泵道上驰骋时，不使用踏板或推动力，而是通过上下移动身体重心来行驶。沈阳国际泵道公园是吉斯尼世界纪录认证的"世界最大泵道公园"。

红梅文创园

旧址新生

　　红梅文创园，一个集活力与创意为一体的文化和艺术空间，占地六万多平方米。设计师们在红梅味精厂的旧址基础上融入了新的创意，使它焕然一新，别具一格。这里聚集了许多展览场馆和创意工作室，如味觉博物馆、发酵艺术中心等等。

　　除了红梅文创园，沈阳还有 1905 文创园、梦工厂文创园以及奉天工场文创园等等。快来感受沈阳的工业文化吧！

工业殿堂 中国工业博物馆

第一台
万能钻床

第一个
铸造用机械手

第一台
精密丝杠机床

我知道，中华人民共和国的第一枚挂在天安门上的金属国徽就诞生在沈阳哟！据说在中华人民共和国成立初期，沈阳的工业和制造业在全国创造了 200 多个第一呢！

工业之最

来了这座博物馆，你就知道沈阳的工业有多辉煌啦！

　　位于沈阳市铁西区的中国工业博物馆是一个专门展示工业发展和工业文化的大型展馆。这里不仅展示了从古代手工业到现代工业的发展历程，而且有各种各样的工业设备、机械制造、电子信息设施等，这里记载着上百个中国工业史上的"第一"；这里向世界讲述着中国工业化的发展历程和伟大成就。

工人生活 铁西工人村建筑群

铁西区工人村建筑群始建于 1952 年，是一处历史文化遗产，由 143 栋建筑组成。建筑群采用了苏式建筑风格，简洁大方，实用美观，外墙都是由标志性的红砖砌成。这一建筑群，无声地见证了沈阳工业的兴盛，成为铁西工业进程的历史见证和沈阳一道独特的风景线。

铁西区曾被称为"东方鲁尔"呢！

是呀，这里是新中国建设最早、规模最大的工人住宅区，率先实现了"楼上楼下，电灯电话"。

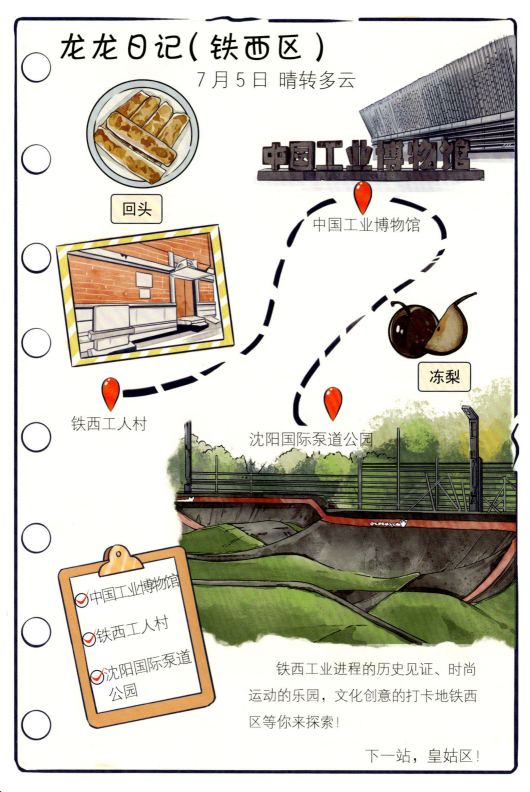

龙龙日记（铁西区）

7月5日 晴转多云

中国工业博物馆

回头

中国工业博物馆

冻梨

铁西工人村

沈阳国际泵道公园

✓ 中国工业博物馆

✓ 铁西工人村

✓ 沈阳国际泵道公园

铁西工业进程的历史见证、时尚运动的乐园，文化创意的打卡地铁西区等你来探索！

下一站，皇姑区！

刑警摇篮 中国刑事警察学院

中国刑事警察学院，被誉为"中国刑警的最高学府"，是培养警察和刑侦专家的摇篮。这里的学生们每天都在学习如何侦破案件，真是酷极了！这所校园里有很多警察元素，比如警用车辆、警犬训练场等。

远古时代 辽宁古生物博物馆

辽宁古生物博物馆位于沈阳师范大学校园内，是我国目前规模最大的古生物博物馆。这里有许多古老的化石，是超酷的地方。在这里不仅能看到辽宁古生物群落，还可以了解远古时代的自然环境、地质变化，以及古生物的生活状态和演化发展。如果你喜欢古生物，这里绝对不能错过哟！

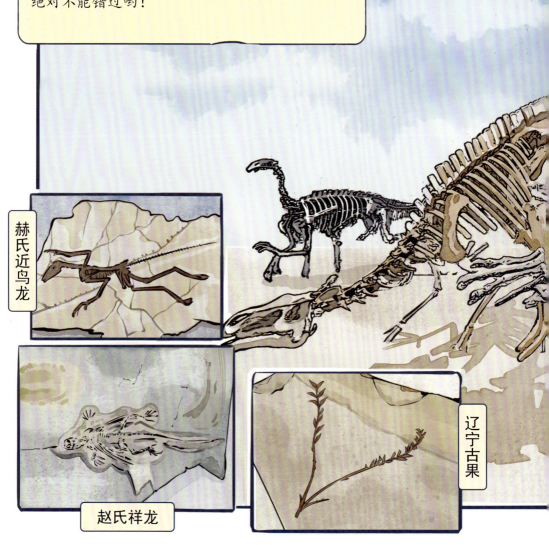

赫氏近鸟龙

赵氏祥龙

辽宁古果

沈阳新乐遗址博物馆

在沈阳新乐遗址博物馆，你可以一探沈阳的历史文化源头。新乐遗址的发现说明，沈阳在 7200 年前就有人类活动的迹象啦！这座博物馆生动地展示了新乐上层文化、偏堡子文化和新乐文化三种文化类型，在这里你可以看到 7200 年前人们的生活场景。沈阳新乐遗址博物馆的镇馆之宝是木雕鸟，雕刻工艺精湛，形态精妙，因大火碳化而得以保存下来，成为沈阳市的文化标志。

木雕鸟文物

我是从 7200 年前飞来的哟！

《庄子·逍遥游》中曾写道："北冥有鱼，其名为鲲。鲲之大，不知其几千里也。化而为鸟，其名为鹏。鹏之背，不知其几千里也"……在古代，人们把大鹏鸟当作吉祥之鸟呢！

龙龙，你看，太阳鸟雕塑就是以木雕鸟为原型设计的，它是新乐人的图腾，是传说中的大鹏鸟。

北陵公园 清昭陵

这里古松的树龄都超过300岁啦!

　　清昭陵，又称北陵公园，始建于清崇德八年（1643年），于八年后建成。作为帝王陵寝，这里的建筑、装饰以及整体布局独具特色，是盛京三陵中规模最大、保存最完整的一座帝王陵寝，2004年列入世界文化遗产名录中。

　　清昭陵既吸收了中原帝王陵寝文化的精髓，同时也保留了自身的民族特点，成为多民族文化交流的典范。清昭陵里分布着许多苍翠的古松，绵延数里，挺拔威武。从2017年起，每年春天，北陵公园都会如期举办花朝节，欢迎小朋友们来花海赏春。

清昭陵小石狮

我们可是这里的守护神哟!

这里是清太宗皇太极与孝端文皇后的合葬陵寝。

合撰继祺

萬福之原

航空报国 沈飞航空博览园

喷气式战斗机歼 -5

高空高速战斗机歼 -8

44

　　沈飞航空博览园是一个集科技、教育、旅游于一体，系统介绍我国歼击机发展历程和航空科普知识的大型专业性展馆。

　　中航工业沈飞创建于1951年，被誉为"中国歼击机摇篮"。

重型歼击机歼-11

鹘鹰战斗机

龙龙日记（皇姑区）

7月16日 晴

辽宁古生物博物馆

- ☑ 辽宁古生物博物馆
- ☑ 沈阳新乐遗址博物馆
- ☑ 清昭陵
- ☑ 沈飞航空博览园

沈阳新乐遗址博物馆

皇姑雪糕

清昭陵

沈飞航空博览园

不老林糖

下一站，大东区！

龙之梦欢乐城

　　充满欢声笑语的龙之梦欢乐城，位于沈阳大东区滂江街。这里有五大文旅项目：龙之梦冰雪欢乐世界是东北最大的室内真冰主题乐园；在 EX 科技馆可以跟仿真机器人进行惊喜互动；在主角儿沉浸式体验乐园，可以参与各种沉浸式演绎，与角色互动，体验传统文化活动；在相声江湖，可以充分了解传统相声艺术；在动物乐园，还有各类珍稀动物。

47

"九·一八"历史博物馆

1931年9月18日，日本关东军炸毁了南满铁路柳条湖路段，却反诬中国军队所为，进而进攻北大营，在4个月18天后占领东北。博物馆的主体建筑，是一座巨大的残历碑，它的灵感来源于台历。残历碑上镌记着九一八事变爆发的时间，残历碑的一侧记录着九一八事变的史实。

铭记历史，向那些为国家和人民英勇牺牲的英雄致敬！

我们深深地哀悼那些为我们的今天付出鲜血和生命的英雄们。

教育明珠
沈阳大学

沈阳大学是一所历史悠久、底蕴深厚的综合性大学。它的历史可以追溯到 1905 年创办的奉天实业学堂和 1906 年创办的新民公学堂，这两所学校的建立为沈阳大学的发展奠定了坚实的基础。

沈阳大学的图书馆是沈阳大学的标志性建筑，设计别致，环境舒适，很多学生都喜欢在这里享受宁静的学习时光。

龙龙日记（大东区）

8月6日 小雨

"九·一八"历史博物馆

☑ "九·一八"历史博物馆

☑ 沈阳大学

☑ 龙之梦欢乐城

白菜炖血肠

小鸡炖蘑菇

沈阳大学

地三鲜

龙之梦欢乐城

下一站，浑南区！

音乐殿堂 沈阳音乐学院

　　沈阳音乐学院的前身是中国共产党于1938年4月创立的第一所高等专业艺术院校——延安鲁迅艺术学院，1949年更名为东北鲁迅文艺学院，1958年更名为沈阳音乐学院。沈阳音乐学院为国家培养了大批音乐、舞蹈等领域的艺术人才，为我国的文化事业和艺术教育事业做出了重要贡献。

飞鸟天堂 沈阳鸟岛

是啊，每个季节，鸟岛都有着别样的风情呢！

小黄龙，鸟岛游园会太精彩啦！

孔雀开屏

丹顶鹤飞翔

鸿雁队列

鹈鹕展翅

　　沈阳鸟岛是沈阳母亲河——浑河水系中唯一一座较大的天然岛屿，位于沈阳棋盘山开发区内。鸟岛以种类丰富的鸟类而闻名，主要包括四大类：走禽、游禽、涉禽、鸣禽，共300余种。你们是不是也迫不及待地想去鸟岛观鸟了呢？

石马，仿照努尔哈赤的坐骑蒙古马身型设计。

东陵公园 **清福陵**

卷云尾

正红门两侧的石狮，带有独特的"卷云尾"

清福陵，又称东陵，始建于 1629 年，位于沈阳东郊浑河北岸的天柱山，是清朝命名的第一座皇陵，"盛京三陵"（永陵、福陵、昭陵）之一。2004 年，清福陵被列为世界文化遗产。清福陵建于清朝建立之前，与明朝及清朝建立后的陵寝有所不同。它展现了一种朝代规制尚未完全成熟时期的简朴与古拙之美，是一座具有蒙、汉、满等多民族特色的独特建筑群。

这是哪位皇帝的陵寝呢？

这是清福陵，是清太祖努尔哈赤和孝慈高皇后叶赫那拉氏的陵寝。

正红门
清福陵的总门户

55

棋盘山风景区

棋盘神韵

棋盘山冰雪大世界

传说呀，"八仙过海"中的铁拐李和吕洞宾曾在这里对弈，因此得名"棋盘山"。

我们可是棋盘山的标志哟！

百姓的后花园

这里为什么叫棋盘山呢？

星落石枰

　　我们来到了位于沈阳市东北部的棋盘山啦！这条山脉在辽阔的松辽平原上蜿蜒盘亘，形成了壮丽的景观。棋盘山既是沈阳的绿肺，又是一处多元化的旅游名胜。景点包括沈阳森林动物园、关东影视城、向阳寺等。到了冬季，青山绿水又化身为冰雪大世界，成为全民打卡胜地、冰雪运动的乐园！

大熊猫

东北虎

动物们的幸福指数好高哇！看看它们快乐的样子就知道啦！

金毛羚牛

　　沈阳森林动物园，坐落于棋盘山风景区内。从可爱的大熊猫冰华、浦浦、发发、冰清，到威武凶猛的东北虎兄弟们，这里的动物种类太丰富啦！热爱探险的你可以在这里偶遇非洲狮、草原狼，还可以在综合欣赏区观赏小熊猫、袋鼠、猴子，这里还是全国最大的丹顶鹤人工繁育科研基地呢！

影视天地 关东影视城

60

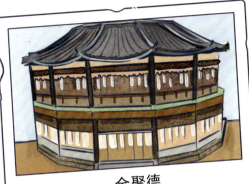

全聚德

贝勒府

白桦林餐厅

  关东影视城，位于沈阳市棋盘山风景区内，还原了清末民初的街巷、宫殿、戏楼等建筑。游客可以在这里观赏各种古装戏曲表演，欣赏东北的民俗风情，感受历史文化的魅力。快来一场穿越时空的奇妙之旅吧！

自然天地 沈阳国家森林公园

沈阳国家森林公园地处长白山脉哈达岭的余脉，这里的森林郁郁葱葱，保存着完好的天然次生林等丰富的动植物资源，是沈阳少有的天然森林生态系统。除了森林，这里还有东北亚滑雪场和东北亚云端草原景区。沈阳国家森林公园，一年四季都是旅游的好去处。

东北亚滑雪场位于沈阳国家森林公园内，是辽宁省规模最大、滑雪道最多的滑雪场。在这里，你不但可以滑雪、滑冰，还可以乘坐雪圈、雪车、雪摩托在林海中驰骋。

科学乐园 辽宁省科学技术馆

辽宁省科学技术馆是一个让我们可以一边玩耍，一边探索科学世界的地方。在仿真太空舱，可以模拟宇航员在太空中飞行；在探索发现厅和科技生活厅，可以观看模拟自然灾害的产生，让我们切身感受到大自然的神奇，并学习减灾、防灾常识。

科技馆里还有很多有趣的实验和互动展品。我们不仅可以亲手操作各种科学装置，体验科学实验的乐趣，还能和朋友们一起探索未知的世界，学习更多的科学知识。

月球行走

光学转笼

龙卷风

你能撬动地球吗？

人体细胞

超级宝库 辽宁省博物馆

你知道中华人民共和国成立后建立的第一座博物馆是哪座吗？

就是眼前这座——辽宁省博物馆哪！

《簪花仕女图》

辽宁省博物馆成立于 1949 年 7 月，新馆位于沈阳市浑南区。这座超级文化宝库拥有近 12 万件的馆藏文物，有书法、绘画、刺绣、青铜、陶瓷等二十个门类，大部分是辽宁地区的考古出土文物和历史艺术类文物。值得一提的是，这里的晋唐宋元书画、宋元明清缂丝刺绣、红山文化玉器等文物最具特色，更有宋徽宗传世草书孤本《千字文》、传世人物画巨作唐周昉的《簪花仕女图》、宋模本《虢国夫人游春图》等稀世珍宝。在这里，你可以了解辽宁丰富多彩的历史文化，以及这片土地的变迁和发展历程。通过博物馆的互动展示，我们可以参与其中，感受中华历史的魅力！

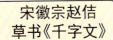
宋徽宗赵佶
草书《千字文》

《虢国夫人游春图》

龙龙，你知道这里的镇馆之宝是什么吗？

我可是做了功课的！快跟我来看看吧！

玉猪龙

博物馆的馆徽就是以这件玉猪龙为原型设计的。它是新石器时代红山文化的代表性文物，具有很高的文化和历史价值。

鸭形玻璃注

这件文物出土于东晋十六国时期的北燕权臣之墓，是当时从古罗马帝国输入的玻璃制品。它外形通透漂亮，已经有一千多年的历史啦！

五代耀州窑摩羯形水盂

这件瓷器是五代时期耀州窑的产品，出土于辽代早期贵族墓葬。它设计精巧，造型别致，古代的工匠们是不是很有创造力？

满族是我国的少数民族之一，主要分布在辽宁、吉林、黑龙江等地。满族历史悠久，其前身是女真族。传统的女真人驰骋于崇山峻岭之间，主要以渔猎为生，也精于骑射，擅长使用弓箭。清朝是满族建立的全国性政权。他们还创造出了自己民族的文字——满文。

"口袋房，万字坑，烟筒坐在地面上。"

在满族民俗厅里，你可以看到满族传统民居和生活场景。"东西屋，南北炕，炕柜放在正中央。"满族人喜欢穿着方便渔猎的"旗装"，他们善骑射、习礼仪，性格乐观豪放。饮食方面，满族人喜欢腌酸菜、酱菜、豆面卷子、苏子叶、饽饽等。

　　沈阳植物园创建于1959年，于2006年成功举办"中国沈阳世界园艺博览会"，所以也被称为沈阳世博园。在这里，你可以领略到全国各地乃至世界各国的奇妙风景和文化。沈阳世博园的标志性建筑百合塔，塔身设计独特，形如盛开的百合花。登上百合塔，整个世博园的美景尽收眼底。

沈阳理工大学兵器博物馆

这里的展品不仅有古代的刀剑、战斧，更多的是现代的大型武器装备，比如威武的坦克、巨大的火炮和先进的导弹系统。在这里，人们不仅可以近距离观察这些庞然大物，感受它们的强大威力，还可以在互动区体验模拟射击和战术演练，这些互动项目不仅好玩，还能让人们学到很多军事知识呢！

浪漫市集 浑河外滩

夜色降临，浑河外滩仿佛披上了霓虹外衣，吸引着从各地来沈阳的大小朋友们去体验丰富多彩的夜生活。在这里，我们可以乘坐夏日游船体验"浑河晚渡"，打卡玫瑰花雕塑，品尝沈阳特色美食，孩子们还可以在儿童乐园里酣畅游玩。浑河外滩，当之无愧的沈阳城市新名片！

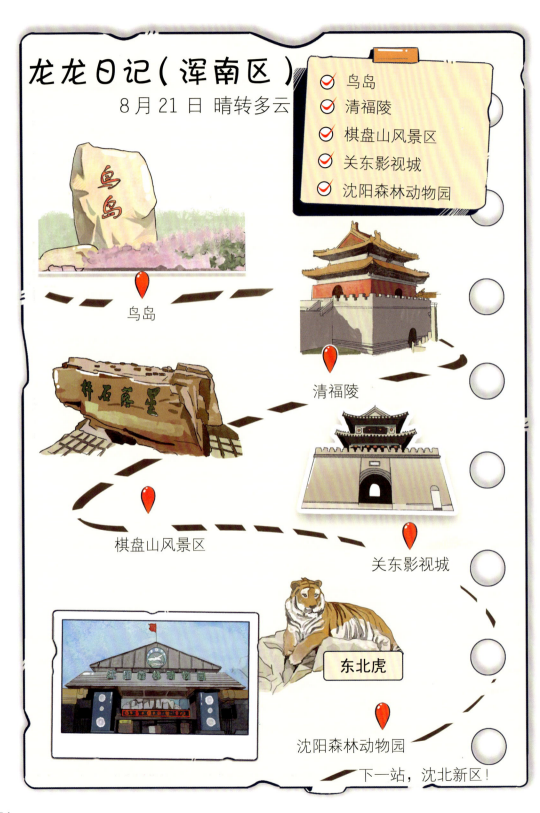

龙龙日记（浑南区）

8月21日 晴转多云

鸟岛
清福陵
棋盘山风景区
关东影视城
沈阳森林动物园

鸟岛

清福陵

棋盘山风景区

关东影视城

东北虎

沈阳森林动物园

下一站，沈北新区！

知名学府 辽宁大学

辽宁大学，简称"辽大"，是国家211工程重点建设大学。每当人们踏入辽宁大学的校园，就会被这里浓厚的学术氛围和美丽的校园环境深深吸引。辽大的老师们才华横溢，课堂上总是迸发着智慧的火花。

稻田画廊 稻梦空间

龙腾虎跃

女娲补天

西游记

锡伯族，主要分布于东北地区。他们的语系属于阿尔泰语系，跟满语很接近。锡伯族历史悠久，保留了很多传统的手工技艺，如刺绣、木雕、剪纸等。他们的美食，如锡伯大饼、六碗汤等……好吃到让你停不下来。

小火车来啦！

在这里不仅能看到神奇的稻田画，还能体验锡伯族的民俗文化。

哇！小黄龙，你真是沈阳的金牌导游！

沈阳稻梦空间是全世界最大的稻田画基地之一，位于沈北新区兴隆台锡伯族镇。稻梦空间通过精心设计和种植不同颜色的水稻，在稻田中绘制出巨大的画卷。小朋友们可以乘坐小火车穿梭在稻田间，或者登高欣赏充满艺术感的稻田画作，和家人一同畅快呼吸，撒欢儿游玩，享受自然生态的乡村"慢生活"。

未解之谜 怪坡

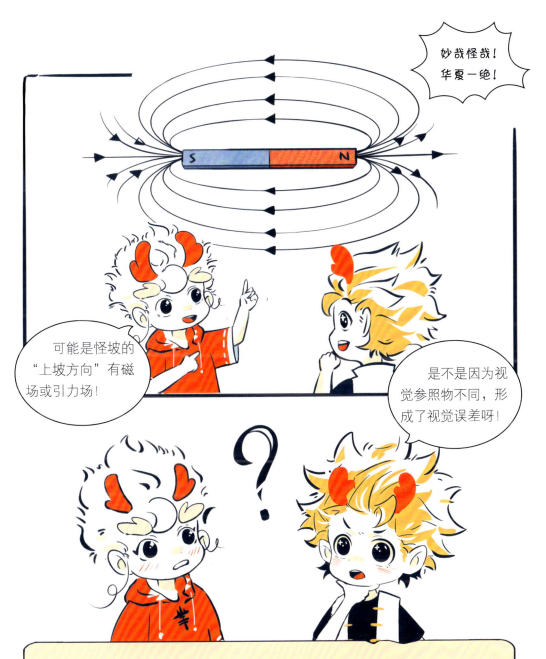

当代诗人贺敬之曾这样描写怪坡："自然探秘，人生解惑，一题多思，沈阳怪坡。"世界著名物理学家李政道曾在体验怪坡的神奇后说道："怪坡不是魔术，弄清原因，我又可获得一次诺贝尔奖。"怪坡究竟是如何形成的呢？有的说是磁场作用，有的说是重力位移，还有的说是视觉误差，真是众说纷纭啊！到目前为止，怪坡的原理尚未有明确的科学解释！

东方梦幻乐园
沈阳方特欢乐世界

沈阳方特欢乐世界，位于沈阳市沈北新区，是一座以科技和互动体验为特色的现代高科技主题公园。在这里，中国传统文化元素与现代科技相结合，呈现出别具一格的特色。快来加入这惊险刺激又妙趣横生的旅程吧！

太过瘾啦！

火流星过山车

神秘河谷漂流船

海螺湾4D电影

无边泳池 清河半岛

龙龙，你在哪里？龙龙……

我最喜欢畅游在深不见底、一眼望不到边的水里。

清河半岛天际无边泳池，全长 168 米，在这里游泳，仿佛沉浸在一条无边无际的辽阔水道里，非常放松和惬意。另外，值得一提的是，泳池的对面就是地坤湖，那是一处位于蒲河廊道上的漂亮湖泊。泳池里水温恒定在 28 摄氏度，你可以在这里尽情畅游，眼前还有个安静的湖泊默默陪伴着你，快来体验一下沈阳的水上浪漫吧！

龙龙日记（沈北新区）

8月30日 晴

- ☑ 稻梦空间
- ☑ 怪坡
- ☑ 沈阳方特欢乐世界
- ☑ 清河半岛

稻梦空间

怪坡

沈阳方特欢乐世界

搓澡巾

清河半岛

下一站，苏家屯区！

火车乐园
沈阳铁路陈列馆

詹天佑：中国铁路工程的先驱，被誉为"中国铁路之父"。出生于广州，毕业于耶鲁大学，并在香港大学获得博士学位。他主持修建了中国历史上第一条自建铁路——京张铁路（今京包线北京至张家口段）。

沈阳铁路陈列馆位于沈阳市苏家屯区山丹街。自 2010 年 10 月开馆以来，吸引了很多热爱火车的大小朋友们。作为地道的火车迷，龙龙可不会错过这个陈列馆，这里不仅能看到 100 多岁的蒸汽机车，还有时速高达 350 千米的现代动车呢！陈列馆里有内燃机车展览、蒸汽机车展览、电力机车和动车组展等等，共展出各类装备 800 多件，它们默默见证着沈阳铁路波澜壮阔的百年传奇！

铁路陈列馆

YW25K 型硬卧车

冠军的摇篮 沈阳体育学院

我国第一个田径世界冠军徐永久。

龙龙，你知道这是谁的雕像吗？

沈阳体育学院原名东北体育学院，始建于1954年，1956年更名为沈阳体育学院，是中华人民共和国成立后建校较早的体育院校之一。它是辽宁省"国内一流大学"重点建设高校，是由国家体育总局和辽宁省人民政府共同建立的体育行业骨干院校。沈阳体育学院既有深厚的历史底蕴，又有现代的办学理念，是我国体育教育的重要基地之一。这里的设施非常完备，综合体育馆、田径场、游泳馆等一应俱全，欢迎小朋友们来这里参观和学习。让我们像体育健儿们一样，强身健体，报效祖国！

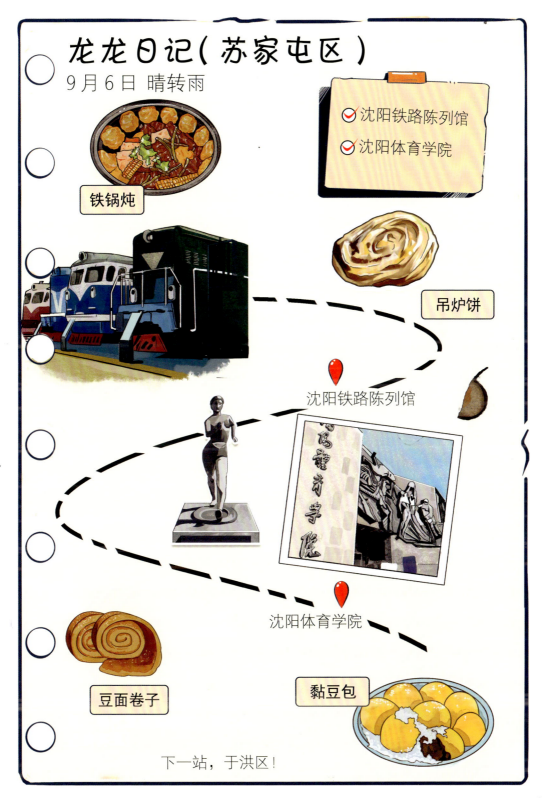

龙龙日记（苏家屯区）

9月6日 晴转雨

铁锅炖

☑ 沈阳铁路陈列馆
☑ 沈阳体育学院

吊炉饼

沈阳铁路陈列馆

沈阳体育学院

豆面卷子

黏豆包

下一站，于洪区！

丁香湖公园

柳堤春晓

平湖秋月

夏荷映日

璞玉凝辉

　　丁香湖是沈阳最大的人工城中湖。丁香湖公园的四季各具特色：春日里丁香花香气弥漫，夏日里微风中荷花摇曳，秋日里水鸟在湖面嬉戏，冬日里嬉冰戏雪热闹非凡。公园内有 10 万平方米的花海，单是丁香花就有白色、蓝色、紫色和粉色的。热爱大自然的你，千万不要错过！这里还是 2024 年中秋晚会的主会场呢！

龙龙日记（于洪区）

9月18日 晴

吃了好多好吃的。

丁香湖公园

　　嗨！小朋友们，感谢你们跟我一起度过了沈阳之旅的快乐时光，这真是一座奇妙的城市，走到哪里都有惊喜。

　　沈阳故宫的雕梁画栋带我领略了清朝的辉煌，新乐遗址博物馆让我第一次近距离触碰到几千年前的古老文明，而辽宁省博物馆和科技馆则一个带我了解过去，一个让我憧憬未来，真是历史和科技的完美结合！

　　自然风光仿佛充满了魔力，沈阳国家森林公园像一片绿色的海洋，让我尽情奔跑；棋盘山风景区的湖光山色更是让我流连忘返。

　　当然啦，沈阳还有很多高等学府哟！比如东北大学、辽宁大学，充满了青春的气息，让我也想穿上校服去学习呢！

　　沈阳不愧是工业的摇篮、自然的胜地、教育的宝库，这里的一切都那么让人着迷！我已经把它写进了我的旅行日记，推荐给所有爱旅行的小朋友们。

　　沈阳，我一定会再来哟！

龙龙游沈阳
手账本

清昭陵小石狮

来沈阳你都去了哪里呢？

得劲儿！ 意：舒服。

老铁！意：哥们儿

快把沈阳之旅打卡攻略记在这里吧！

来沈阳你都去了哪里呢？

稀罕！意：喜欢。

老带劲了！

意: 形容人长得好看。

快把沈阳之旅打
卡攻略记在这里吧！

旅途中发生了哪些有趣的事儿呢?

唠嗑

意:聊天儿。

老鼻子

意：很多。

快把沈阳之旅打
卡攻略记在这里吧！

旅途中发生了哪些有趣的事儿呢?

破马张飞

意：张牙舞爪，风风火火。

打出溜滑

意：溜冰。

快把沈阳之旅打
卡攻略记在这里吧！

99

闹挺！ 意：烦！

旅途中发生了哪些有趣的事儿呢？

快把沈阳之旅打卡攻略记在这里吧！

得劲儿！

打出溜滑   老带劲了

呀嘿   老铁！   老鼻子

破马张飞   冷不丁！

唠嗑   稀罕！

得劲儿！-----

打出溜滑　　　老带劲了！

唠嗑　　老铁！　　老鼻子

破马张飞　　冷不丁！

----- 闹挺！　　稀罕！